महाभारत
की कहानियाँ

भीष्म की प्रतिज्ञा

सुभद्रा सेन गुप्ता

Om KIDZ
An imprint of Om Books International

बहुत समय पहले हस्तिनापुर नामक एक राज्य था। इस समृद्ध और शक्तिशाली राज्य के राजा का नाम शांतनु था। शांतनु का विवाह देवी गंगा से हुआ था और उन दोनों के पुत्र का नाम देवव्रत था।

एक दिन गंगा ने शांतनु से कहा, “आपका पुत्र आपके पास है इसलिए अब मेरे स्वर्ग लौटने का समय आ गया है।”

शांतनु ने आश्चर्य में डूबते हुए पूछा, “आप यहाँ से जाना क्यों चाहती हैं?”

“क्योंकि मैं एक देवी हूँ और मेरा उचित स्थान स्वर्ग है।” ऐसा कहते हुए गंगा शांतनु को दुःखी छोड़कर अदृश्य हो गईं।

एक दिन वन में शिकार करते समय शांतनु ने एक युवती को नदी में नाव चलाते हुए देखा और उसके प्रेम में पड़ गए।

शांतनु ने सोचा, *ओह, कितनी सुंदर स्त्री है! मुझे लगता है कि यह हस्तिनापुर की रानी बनने के लिए सबसे उपयुक्त होगी।*

उस युवती का नाम सत्यवती था और वह मछुआरे जाति के प्रमुख की पुत्री थी। शांतनु उस युवती के गाँव गए और उसके पिता से मिलकर विवाह का प्रस्ताव देते हुए कहा, "आपकी पुत्री हस्तिनापुर की रानी बनेगी।"

शांतनु यह देखकर चकित हो गए जब सत्यवती के पिता ने अपना सिर न में हिलाया और उत्तर दिया, "यह सम्भव नहीं है, राजन। मैंने यह प्रतिज्ञा ली है कि मेरी पुत्री तभी किसी राजा से विवाह करेगी जब उसके पुत्र को उत्तराधिकार मिलेगा। युवराज देवव्रत आपके पहले पुत्र हैं, जो आपके बाद हस्तिनापुर का सिंहासन सम्भालेंगे।"

सत्यवती के पिता ने आगे कहा, "और, देवव्रत युवा हैं और शीघ्र ही उनका विवाह हो जाएगा और उसके पश्चात् जन्म लेने वाला उनका पुत्र उनका सिंहासन सम्भालेगा। तब मेरी पुत्री और उसकी संतानों को क्या मिलेगा? सत्यवती आपसे तभी विवाह करेगी, जब आप वचन देंगे कि उसका पुत्र ही अगला राजा बनेगा।"

राजा शांतनु निराश थे परंतु वे सत्यवती के पिता की बात नहीं मान सकते थे। वे अपने ज्येष्ठ पुत्र देवव्रत को सिंहासन के अधिकार से कैसे वंचित कर सकते थे? इसलिए दुःखी शांतनु हस्तिनापुर वापस लौट गए।

वीर और दयालु देवव्रत ने अपने पिता के चेहरे पर चिंता की रेखाएँ देखीं और पूछा, "आदरणीय पिताजी, आप इतने दुःखी क्यों हैं? क्या मैं आपकी किसी प्रकार से मदद कर सकता हूँ?"

शांतनु ने सत्यवती के पिता द्वारा कही सारी बातें देवव्रत को बता दीं। "पुत्र, मैं तुमसे तुम्हारा मुकुट नहीं छीन सकता। इसलिए मैं सत्यवती से विवाह नहीं कर सकता।"

देवव्रत ने कहा, "पिताजी, मैं प्रतिज्ञा लेता हूँ कि मैं कभी भी हस्तिनापुर के सिंहासन पर नहीं बैठूँगा और न ही कभी विवाह करूँगा!" देवव्रत की यह बात सुनकर पूरे राज्य में सब सन्न हो गए। देवव्रत ने बड़े ही शांतिपूर्वक कहा, "मेरे पिता और सत्यवती के विवाह की तैयारी आरम्भ की जाए।"

यह एक "भीष्म" अर्थात् एक कठिन प्रतिज्ञा थी। इसलिए लोगों ने देवव्रत को भीष्म के नाम से पुकारना आरम्भ कर दिया।

शांतनु और सत्यवती के चित्रांगद और विचित्रवीर्य नाम के दो पुत्र हुए। राजा शांतनु की मृत्यु के पश्चात् युवराज चित्रांगद हस्तिनापुर के राजा बने परंतु उनकी मृत्यु भी शीघ्र ही हो गई। जब विचित्रवीर्य ने अपने भाई के बाद सिंहासन सम्भाला तब भीष्म को युवा राजा के विवाह की चिंता हुई।

उस समय काशी के राजा ने अपनी तीन पुत्रियों – अम्बा, अम्बिका और अम्बालिका के लिए एक स्वयंवर का आयोजन किया था, जिसमें उन्हें उपयुक्त वर की सूची में से अपने लिए जीवनसाथी का चुनाव करना था। सभी राजाओं को उस उत्सव में आमंत्रित किया जाता था जहाँ राजकुमारियाँ अपने पतियों का चयन करती थीं। परंतु काशी के राजा ने हस्तिनापुर के राजपरिवार को आमंत्रण नहीं भेजा था।

आमंत्रित नहीं किए जाने पर क्रोधित और अपमानित भीष्म ने फैसला किया कि काशी की तीन राजकुमारियों का विवाह किसी अन्य राजा से नहीं, बल्कि विचित्रवीर्य से ही होगा। इसलिए वे अपने रथ पर सवार हुए और स्वयंवर वाले स्थान की ओर प्रस्थान कर गए। सैनिकों से भीषण युद्ध के बाद भीष्म तीनों राजकुमारियों को अपने साथ हस्तिनापुर लेकर आ गए।

क्रोधित राजकुमारी अम्बा ने विचित्रवीर्य से विवाह करने से मना कर दिया क्योंकि उसने पहले ही किसी अन्य राजा का चुनाव कर लिया था। उसे अपने साथ बलपूर्वक लेकर आने के कारण उसने भीष्म को शाप देते हुए कहा, "भीष्म, मैं तुम्हें शाप देती हूँ! एक दिन मैं तुम्हारी मृत्यु का कारण बनूँगी।"

उधर हस्तिनापुर में अम्बिका एवं अम्बालिका का विवाह विचित्रवीर्य से हो गया। अब भीष्म इस आशा में थे कि एक दिन विचित्रवीर्य के पुत्र सिंहासन के उत्तराधिकारी बनेंगे और अपने कर्तव्यों का पालन करेंगे। किंतु निराशा ही उनके हाथ आई।

अम्बा और अम्बालिका दोनों ने ही पुत्रों को जन्म दिया किंतु हस्तिनापुर में किसी भी प्रकार का उत्सव नहीं मनाया गया। अम्बिका के पुत्र का नाम धृतराष्ट्र था और वह जन्म से ही अंधा था। अम्बालिका के पुत्र का नाम पांडु था और वह एक बहुत अस्वस्थ शिशु था। उन दोनों के जन्म के कुछ दिनों के पश्चात् ही विचित्रवीर्य की भी मृत्यु हो गई।

इसलिए धृतराष्ट्र एवं पांडु के युवा होने तक भीष्म को ही साम्राज्य सम्भालना पड़ा।

अंधेपन के कारण धृतराष्ट्र सिंहासन नहीं सम्भाल सकते थे। इसलिए भीष्म ने पांडु को अगला राजा बनने की शिक्षा दी और उन्हें युद्ध का प्रशिक्षण भी दिया गया।